글 | 이유미

고려 대학교에서 국어국문학을 공부하고, 연극 공연의 기획 홍보 일과 광고를 만드는 일을 했어요. 지금은 어린이 책을
쓰고 있어요. 지은 책으로는 《꿈꾸는 동화작가 한스 안데르센》 《고집불통 건축가 안토니오 가우디》
《어린이 경제 리더 - 도시로 간 하이디》 등이 있지요. 뮤지컬 배우에 대한 글을 쓰면서 한 편의 뮤지컬이 어떻게 만들어지는지,
배우들이 얼마나 노력을 많이 하는지 새롭게 알게 되었어요. 이 글을 읽는 어린이들도 꿈을 이루기 위해 노력하는 즐거움을
느낄 수 있으면 좋겠어요.

그림 | 이영훈

서양화를 전공한 뒤 광고 회사에서 수년간 근무했습니다. 제33회 중앙광고대상 일러스트 부문을 수상했고,
지금은 출판과 광고 및 패키지 등 다양한 일러스트 작업을 하고 있습니다. 그린 책으로는 《안나 파블로바》 《코코 샤넬》 《슈바이처》
《타임캡슐 우리역사》 《스콧과 아문센》 등이 있습니다. 《뮤지컬 배우가 될 테야》는 큰 무대에서 꿈을 펼치고자 노력하는
주인공의 모습을 밝고 경쾌하게 표현하고자 발색이 좋은 불투명 과슈를 사용했습니다.

감수 | 구정연

상명 대학교 연극학과에서 연극 연출을 공부했어요. 서울시립뮤지컬단 연출부에서 일하다가 지금은 프리랜서 연출가로 활동하고 있어요.
그동안 연극 〈푸네기〉 〈세 개의 실크 모자〉 〈동글나라 뾰족나라〉 등을 연출했으며, 뮤지컬 〈호두까기 인형〉 〈달고나〉 〈대장금〉
〈아이 러브 유 비코즈〉에서 조연출을 담당했어요.

탄탄 미래직업 속으로 **뮤지컬 배우가 될 테야**

글 이유미 | 그림 이영훈 | 감수 구정연 | 기획 편집 아우라(김수현, 박선희, 김현숙) | 디자인 인앤아웃(김화정, 장승아, 김미선)
제작책임 강인석 | 제작 유정근 | 분해 신영칼라 | 종이 (주)아이피피 | 인쇄 인탑 | 제책 (주)영림인쇄

펴낸이 김동휘 | 펴낸곳 여원미디어(주) | 주소 경기도 파주시 교하읍 문발리 파주출판도시 519-1 탄탄스토리하우스
판매처 한국가드너(주) | 출판등록 제406-2009-0000032호 | 전화번호 080-523-4077 | 홈페이지 www.tantani.com
ⓒ여원미디어 ISBN 978-89-6168-584-9 · ISBN 978-89-6168-574-0(세트)

※ 이 책은 저작권법에 따라 국내에서 보호 받는 저작물이므로, 무단으로 이 책 내용의 전부 또는 일부를 복사, 복제, 배포하거나 전산 장치에 저장할 수 없습니다.
⚠ 주의 1. 책 모서리가 날카로워 다칠 수 있으니 사람을 향해 던지거나 떨어뜨리지 마십시오. 2. 보관할 때 직사광선이나 습기 찬 곳은 피해 주십시오.

뮤지컬배우가 될 테야

글 이유미 그림 이영훈 감수 구정연

여원◆미디어

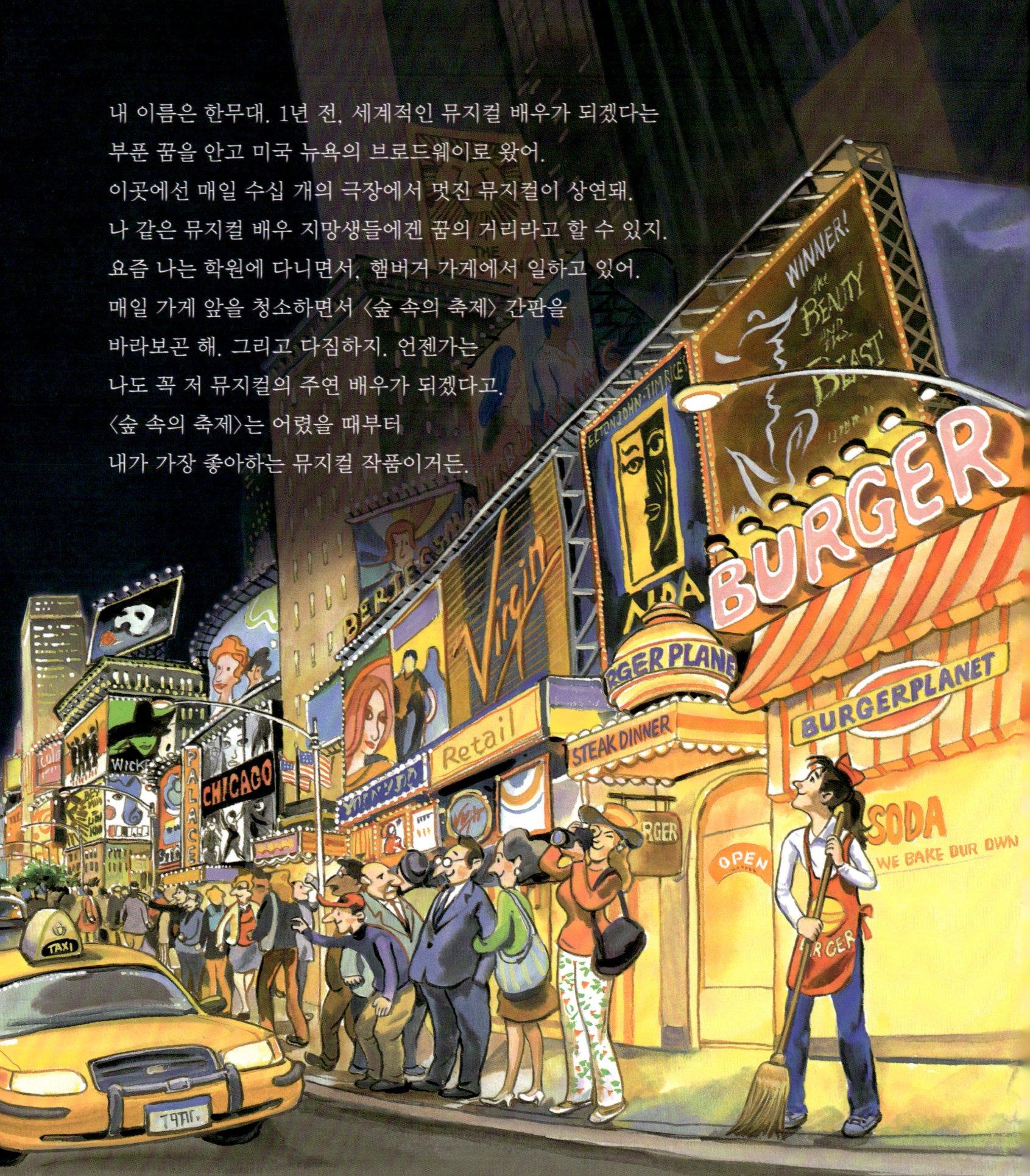

내 이름은 한무대. 1년 전, 세계적인 뮤지컬 배우가 되겠다는
부푼 꿈을 안고 미국 뉴욕의 브로드웨이로 왔어.
이곳에선 매일 수십 개의 극장에서 멋진 뮤지컬이 상연돼.
나 같은 뮤지컬 배우 지망생들에겐 꿈의 거리라고 할 수 있지.
요즘 나는 학원에 다니면서, 햄버거 가게에서 일하고 있어.
매일 가게 앞을 청소하면서 〈숲 속의 축제〉 간판을
바라보곤 해. 그리고 다짐하지. 언젠가는
나도 꼭 저 뮤지컬의 주연 배우가 되겠다고.
〈숲 속의 축제〉는 어렸을 때부터
내가 가장 좋아하는 뮤지컬 작품이거든.

뮤지컬 배우의 끝없는 도전, 오디션

이곳에 온 뒤로 나는 끊임없이 오디션에 도전하고 있어.
오디션에 뽑혀야 무대에 설 수 있거든. 처음 오디션을 볼 때만 해도
나는 자신만만했어. 하지만 기대와 달리 번번이 오디션에서 떨어졌어.
전 세계에서 모인 사람들과 경쟁하기엔 아직 실력이 모자랐던 거지.
오늘 아침에도 오디션에서 탈락했다는 소식을 들었어.
순간 온몸에서 힘이 쑥 빠져나가더라고. 하지만 포기란 있을 수 없어.
이런 날이면 나는 더 열심히, 더 많이 연습해. 끝없는 연습만이
부족한 실력을 채우고, 더 좋은 기회를 잡을 수 있는 길이라고 생각하니까.
하나, 둘! 하나, 둘! 연습하는 동안, 땀방울이 박자에 맞춰 톡톡 떨어졌어.
가게 일을 마치고 나면 온몸이 물에 젖은 솜처럼 무겁지만,
이렇게 연습을 하다 보면 힘이 나면서
기분까지 상쾌해져.

늦은 밤, 연습을 마치고 나오는데
누군가 소리쳤어.
"〈숲 속의 축제〉 오디션 공고가 났어!"
다시 한 번 기회가 찾아온 거야.

 **오디션이란?**

오페라나 뮤지컬, 영화, 드라마 등에서 작품에 가장 알맞은 배우를 뽑기 위해 치르는 실기·시험을 말해요. 오디션은 '귀 기울여 듣다'라는 뜻의 라틴 어에서 유래된 말이에요. 오디션을 볼 때는, 우선 서류 심사를 통해 1차 통과자를 가려내요. 그런 다음에는 노래와 춤, 연기를 심사하는 2차, 3차 오디션을 보지요. 뮤지컬 작품에 출연하려면 아무리 인기가 많은 배우라도 반드시 오디션을 거쳐야 해요.

온종일 춤춰 본 적 있어? 온종일 노래해 본 적은? 아마 없을 거야.
햄버거를 굽고 설거지를 하면서도 내 머릿속은 온통 〈숲 속의 축제〉 오디션 생각뿐이야.
연습 시간을 늘리기 위해 잠자고 먹는 시간은 물론이고 가게에서 일하는 시간도 줄였어.
주연 배우를 뽑는 오디션은 아니지만, 이번에 붙으면 어려서부터 꿈꾸어 오던
〈숲 속의 축제〉 무대에 설 수 있기 때문이야.
집에 오면 〈숲 속의 축제〉 공연 장면을 틀어 놓고는 몇 번씩 보고, 또 보고, 또 봐.
배우들의 동작을 꼼꼼히 연구하기 위해서야.

노래와 춤, 연기까지 연습하려니 아무리 시간을 쪼개고 쪼개도 부족하기만 해.
게다가 잠도 조금밖에 못 자고 잘 먹지도 못해서인지 결국 병이 나고 말았어.
꼼짝없이 침대에 누워 있자니, 따뜻한 어머니의 손길이 너무나 그리워.
하지만 아무리 힘들고 외로워도 나는 다 이겨 낼 수 있어.
나에겐 '최고의 뮤지컬 배우가 되겠다!' 는 꿈이 있으니까 말이야.

드디어 오디션 받는 날!

정신없이 시간이 흘러 오디션을 받는 날이 되었어.
어찌나 긴장이 되는지 아침부터 화장실을 열 번도 더 들락거렸지 뭐야.
대기실에는 정말 많은 지원자가 모였더라고.
오디션에서는 짧은 시간 안에 자신의 열정과 재능과 끼를 심사 위원들에게
확실히 보여 주어야 해. 가사를 잊어버리거나 박자를 놓쳐서도 안 되지.
이렇게 완벽하게 준비해야 하기 때문에 대기실에는 마치 전쟁터처럼
팽팽한 긴장감이 감돌았어. 오디션장에 들어가기 전에 하나라도 더
연습하려고 다들 열심이었지. 어떤 사람은 고양이처럼 꾸미고 왔더라니까.
이런 사람들과 경쟁을 해야 하다니……. 걱정이 되면서 가슴이 막 떨렸어.
나는 천천히 심호흡을 하면서 마음을 가라앉혔지.

잠시 뒤에 내 이름이 불렸고, 나는 함께 이름이 불린 사람들과
오디션장으로 들어갔어. 걸어가는 동안 나는 맨 처음에 부를
〈축제의 시작〉이라는 노래를 계속 입속으로 불렀지.

드디어 내 차례! 나는 피아노 반주에 맞추어 노래를 부르기 시작했어.
노래를 부르면서 음악 감독을 슬쩍 보니 내 노래에 맞추어
고개를 까딱이는 거 있지? 왠지 예감이 좋았어.
노래가 끝나고 이번에는 춤 오디션.
"나를 따라 춤을 추어 보세요. 자, 시작합니다!"
안무가의 춤 동작을 보면서 그대로 추었어.
처음 보는 동작을 따라 하는 것이라 평소에
춤 실력을 쌓아 놓지 않으면
쉽게 따라 하기 힘들어.

춤 오디션 안무가의 동작을 그대로 따라 해 보게 하는 단체 오디션도 있고, 극의 한 장면에 나오는 춤을 추게 하는 경우도 있어요.

노래 오디션 극단에서 정해 주는 지정곡과 함께 참가자가 자유롭게 골라 부르는 자유곡으로 실력을 겨루어요.

마지막은 연기 오디션이야. 우리에게는 한 장의 대본이 주어졌지.
부자 강아지와 악당 늑대가 서로 다투는 장면이었어.
"이 축제는 너 같은 녀석들이 올 곳이 아니야!"
나는 부자 강아지 역할을 맡아 대사를 하기 시작했어. 상대편인 악당 늑대는
목소리가 어찌나 크고 걸걸한지 정말 악당 같더라고.
나도 지지 않고 부자 강아지처럼 으스대며 연기를 했지.
오디션을 모두 끝내고 걸어 나오는데 다리가 막
후들거렸어. 내 몸에 있던 에너지가
전부 빠져나간 것 같았지. 이제는
마음을 비우고 결과를 기다리는
일만 남았어.

연기 오디션 대본의 한 부분을 연기해 보게 하거나 심사 위원들이 즉석에서 감정 연기를 해 보게 하기도 해요.

〈숲 속의 축제〉 앙상블로 뽑히다

오디션을 받고 난 뒤 뮤지컬 배우가 하는 일은 무엇일까?
정답은 '또 연습한다'야.
몸이란 아주 정직해서 하루라도 연습을 게을리하면 금방 표가 나거든.
특히 오디션 때 아무래도 춤을 잘 추지 못한 것 같아 신경이 많이 쓰였어.
그래서 재즈 댄스와 발레를 더 배우기로 했지.
나는 가게 일을 마치자마자 연습복과 댄스 슈즈, 수건 등을
잔뜩 챙겨 들고 학원으로 갔어. 몇 시간씩 쉬지 않고 춤을 추다 보면
땀이 비 오듯 흐르기 때문에 여분의 옷과 수건을 갖고 다녀야 해.
오디션 합격 소식을 기다리며 나는 추고, 또 추었어.

그렇게 연습을 하다가 잠시 쉴 때였어.
따르르릉!
"여보세요."
"한무대 씨죠? 오디션에 합격하셨습니다."
세상에! 믿어져? 내가 오디션에 붙었대!
비록 앙상블이지만 꿈에 그리던 〈숲 속의 축제〉 무대에 설 수 있으니
온 세상을 다 가진 기분이야.

 **앙상블이란?**

앙상블은 주연이나 조연 등의 배역을 맡지 않은 사람들을 말해요. 여럿이 함께 노래를 부르거나 춤을 추는 앙상블은 작품에 따라서는 단역(비중이 크지 않은 역)을 맡기도 하지요. 또 한 사람이 여러 역할을 동시에 맡을 때도 있기 때문에 주연이나 조연 못지않게 연습을 많이 해야 한답니다.

첫 연습이 있는 날이야.
처음에는 다 같이 모여 대본을 읽고 의견을 나누는 것부터 시작해.
작품에 대해 공부하고 자기가 맡은 역할을 이해하는 과정이지.
연습 시간이 되자 연출자와 주연 배우들이 들어왔어. 내가 제일 좋아하는
마법사 여우 역할을 맡은 배우도 보여. 마법사 여우는 나의 꿈이지.
언젠가는 꼭 마법사 여우가 되고 말 거야.

연출자의 인사말이 끝나고 안무가, 음악 감독, 무대 감독, 주연 배우들이
차례로 인사를 했어. 그리고 조연출이 스케줄 표를 나누어 주는데
갑자기 문이 열리더니 누군가 뛰어 들어왔어. 악당 늑대 역할을 맡은
주연 배우가 약속 시간보다 늦게 나타난 거야.
"배우에게 시간을 지키는 일은 생명과도 같아요. 뮤지컬은 여럿이
함께 만들어 가는 거예요. 자기 멋대로 행동해선 안 돼요."
연출자의 호통에 그 배우는 부끄러워 고개를 들지 못했지.

안무가 음악에 맞추어 춤을 만들고, 그 춤을 배우들에게 가르쳐 주는 일을 해요.

힘든 연습이 시작되다

오디션에 합격해서 기쁨을 누리는 것도 잠시, 곧 힘된 훈련이 시작되었어.
다른 사람들과 함께 하는 전체 연습에다 개인 연습까지 더하니,
하루가 어떻게 가는지 모를 정도로 바빠.
나는 거만 고양이 무리 가운데 하나가 되어 연습을 하고 있어.
축제가 열리는 첫 장면에 거만 고양이들이 춤을 추며 등장하지.
그래서 무엇보다 춤 연습에 시간을 많이 들이고 있어.
그런데 난 역시 춤 실력이 문제란 말이야.
"다른 거만 고양이들보다 반 박자씩 늦게 움직이고 있어요.
다리는 빠르게, 손은 더 높이, 시선은 앞을 보고!"
안무가가 내 앞에서 손가락을 좌우로 흔들어댔어.

나는 전체 연습이 끝나고도 집에 갈 수가 없었어.
다음 연습 때까지 완벽한 동작을 익히기 위해
밤늦게까지 혼자 계속 연습을 해야 했지.

춤 실력은 부족하지만 노래 연습 때는 칭찬을 받았어.
"아주 훌륭해요. 음빛깔도 좋고 목소리 크기도 괜찮아요."
음악 감독의 말에 나는 잠시 으쓱했지만, 곧 발음을 지적 받았어.
"뮤지컬에서는 노랫말도 대사예요. 무슨 말을 하는지 정확히 들려야 해요."
그날 밤, 녹음기에 내 목소리를 담아서 다시 들어 봤어.
우리말이 아닌 영어이다 보니 아무래도 노랫말 전달에 문제가 있더라고.

나는 정확한 발음으로 노래하기 위해 보컬 트레이너에게
발성법을 배우기로 했어.
"배로 소리를 내야 해요. 자, 호흡을 다시 해 봅시다."
나는 숨 쉬는 법부터 크고 잘 들리는 소리를 내는 법까지
하나하나 열심히 배우고 있어. 아직은 많이 부족하지만
날마다 열심히 연습하면 분명히 좋아질 거야.
난 그렇게 믿어.

 **음악 감독과 보컬 트레이너의 역할은?**

뮤지컬에서 노래는 아주 중요해요. 극의 내용과 인물의 감정을 노래로 전달하기 때문이지요. 그래서 배우들은 음악 감독과 보컬 트레이너에게 지도를 받아요. 음악 감독이 작품의 음악과 연주자 선정, 배우의 역할에 맞는 노래 연습 등 작품의 음악 전반을 책임진다면, 보컬 트레이너는 배우들이 노래를 더 잘 부르도록 호흡과 발성, 음정 등 아주 세세한 것을 가르친답니다.

오늘 나는 연기 연습을 하다가 연출자에게
호되게 야단을 맞았어.
"지금 이 장면에선 축제 분위기가 물씬 나야 한다고.
그런데 전혀 흥이 나는 표정이 아니잖아.
걸음걸이도 영 엉성하고 말이야."
나는 쥐구멍에라도 숨고 싶은 심정이었어.

"이 장면의 주인공은 고양이들이야. 고양이 흉내만 내서는 안 돼.
진짜 고양이가 되어 그 마음을 표현해야 한다고."
정말 최선을 다해 노력한다고 생각하는데 뭐가 부족한 걸까?
나는 마음을 다잡고 다시 연습에 집중하려 했지만 잘되지 않았어.
축제를 신 나게 즐기는 거만 고양이라……. 나는 깊은 고민에 빠졌어.
다른 사람의 연기를 보면 도움이 될까 싶어 마법사 여우의 연기를 보았어.
정말 잘하더라고. 감탄이 절로 나왔어.
어쩌면 저렇게 진짜 여우처럼 연기하는지…….
어떻게 하면 나도 진짜 고양이처럼 연기할 수 있을까?

완벽한 거만 고양이로 변신하다

나는 진짜 고양이처럼 연기하기 위해
공연 비디오도 많이 보고, 다른 배우의
연기도 열심히 봤어. 하지만 막상 내가
하려고 하면 잘되지 않아 답답하기만 했지.
그러던 어느 날이었어.
공원을 가로질러 집으로 가는데
뭔가 눈앞으로 휙 지나가지 뭐야.

어, 고양이네? 어떻게 고양이는 저렇게 우아하고 도도하게 걷는 걸까?
나는 고양이를 따라가며 그 모습을 똑같이 흉내 내기 시작했어.
몸을 꼿꼿이 펴고 우아하게 걸어도 보고,
고양이처럼 냄새나는 쓰레기통을 뒤지기도 했지.
그렇게 나는 날마다 고양이를 쫓아다니며 따라 하고
집에서는 동작을 떠올리며 연습했어.
잘될 때까지 계속!

뮤지컬에서는 하나의 동작을 완성하기 위해 같은 동작을
수십 번씩 반복해. 마치 한 장 한 장 벽돌을 쌓아 올려
집을 짓는 것과 비슷하다고 할까?
조금씩 조금씩 제 모양을 드러내는 집을 바라보며
기쁨과 보람을 느끼듯, 뮤지컬 배우들도 한 장면을
완성할 때마다 벅찬 감동을 느껴.
"그 표정하며 손짓이 아주 제법인걸. 더 이상 흠잡을
데 없이 완벽한 거만 고양이가 되었군. 수고했네."
칭찬에 인색한 연출자가 나를 보며 모처럼 활짝 웃었어.
옆에 있던 동료 배우들이 휘익, 휘파람을 불며 같이
기뻐해 주었어. 너무 행복해서 가슴이 터져 버릴 것 같았어.
그동안 밤마다 도둑고양이처럼 쓰레기통을 뒤지고,
날마다 남들보다 더 많이 노력한 게 헛되지 않았던 거야.

공연 연습은 마지막을 향해

어느새 공연 날이 코앞으로 다가왔어.
의상과 분장을 미리 맞춰 보느라 분장실과 연습실이 시끌벅적 북새통이야.
분장사가 내 얼굴을 고양이처럼 꾸몄어. 도화지에 그림을 그리듯
수염을 그리고 눈 주위에 얼룩무늬를 만들었어. 분장은 생각보다
시간이 많이 걸렸어. 나는 비상시에 직접 분장을 할 수 있도록
분장사의 손짓과 분장 도구들을 눈여겨보았지.

분장사 등장인물의 특성에 맞게 배우의 얼굴과 머리 모양을 꾸며 주어요.

"거만 고양이 의상이 도착했어요!"

분장이 거의 끝날 즈음, 의상 담당자가 노란 얼룩무늬 옷을 가져다주었어.

나는 옷이 잘 맞는지 확인하기 위해 고양이 옷을 입고 움직여 보았어.

그런데 이런! 팔 부분이 꽉 죄어서 불편했어.

의상 담당자에게 다시 고쳐 달라고 했지. 분장을 끝내고 의상까지

갖춰 입은 우리는 모두 진짜 고양이가 된 것 같았어.

다들 설레고 들뜬 표정이었지.

의상 담당자 의상 디자이너가 만든 무대 의상을 배우들에게 입혀 보고 몸에 잘 맞도록 고쳐 주는 일을 해요. 공연 때에는 배우들이 의상을 잘 갖춰 입도록 도와주기도 하지요.

오늘부터는 연습실이 아닌 공연장에서 연습을 해.
무대 연습이 시작되었다는 것은 이제 공연할 날이
얼마 남지 않았다는 뜻이지.
의상을 갈아입고 무대에 서니 역시 연습실과
달리 긴장이 되더라고.
"자, 마을 축제가 열리는 장면 들어갑니다!"
연출자의 말에 음악 감독이 지휘봉을 살짝
흔들었어. 오케스트라의 음악이 시작되자,
나는 다른 고양이들과 폴짝거리며 등장했지.
그런데 음악과 배우들의 동작이 잘 맞지 않는 거야.
곧 연출자가 음악 감독과 함께 이야기를 나누었어.
음악적인 효과를 높이기 위해 악기를 더 넣으면서
문제가 좀 생겼던 거지. 음악을 다시 맞춘 다음,
몇 번 계속해서 연습을 하고 나니까
음악과 춤이 멋지게 맞아떨어졌어.

오케스트라 공연의 음악을 담당해요. 오케스트라의 악기 편성은 작품의 특성이나 극장 상황에 따라 조금씩 달라져요.

지금은 무대 총연습 중이야.
공연을 앞두고 모두 모여서 실제
공연처럼 처음부터 끝까지 순서에
따라 마무리 점검을 하는 거지.
이때는 누구보다 무대 감독이 가장
바빠. 무대 감독은 공연이 잘 이루어지도록 조명,
음향, 무대 장치를 살피는 등 여러 일을 책임지는 사람이야.
"배우 여러분, 장면이 바뀔 때 특히 주의하세요! 무대가 어두우니까

정신 바짝 차리고 바닥에 붙여 놓은 야광 선을
따라 움직여야 합니다." 준비가 다 끝나자 배우들이
차례대로 등장해 무대 연습을 했어.
"자, 불이 꺼지고 이번엔 거만 고양이들 나옵니다."
그런데 그만 내가 실수를 하고 말았어. 빨리 무대에 올라가야
한다는 마음만 앞서서 중간에 야광 선을 놓치고 기둥에 부딪힌 거야.
다행히 조명이 켜지기 전에 무대에 설 수 있었지만 정말 창피했어.
공연 때는 실수하지 말아야겠다고 생각했지.

〈숲 속의 축제〉가 화려하게 열리다!

드디어 공연 첫날이 되었어.

어젯밤에는 마음이 싱숭생숭 들떠서 잠이 안 오더라고.

새벽녘에야 잠깐 눈을 붙였는데 날이 밝자마자 저절로 잠이 깼어.

공연은 저녁 7시였지만 나는 일찌감치 서둘러 공연장 대기실에 왔어.

그러고는 분장을 마치고 고양이 옷으로 갈아입었지. 발성을 하며

목을 풀기도 하고, 대사와 동작도 여러 번 되풀이해 연습했어.

무대에 나가 마이크의 소리가 알맞은지도 살폈어.

공연 시작 시각이 가까워지자 관객들이 공연장으로 들어오기 시작했어.

쿵쾅 쿵쾅 쿵쾅······.

심장이 마치 고장 난 것처럼 뛰었어.

드디어 내가 무대에 오를 시간이 온 거야!

무대에 오르기 전 배우가 준비해야 할 것은?

배우는 자신의 역할에 책임을 질 수 있어야 해요. 그래서 무대에 오르기 전 의상과 분장, 소품을 철저히 준비해야 하지요. 의상이나 분장 모두 담당자가 따로 있지만 공연 직전 그것을 잘 챙겨야 하는 것은 배우의 몫이에요. 그 밖에도 목소리가 잘 나도록 노래 연습을 미리 해 두거나 대사를 잘 외워 두는 일, 춤을 잘 추기 위해 몸을 푸는 일 등을 하지요.

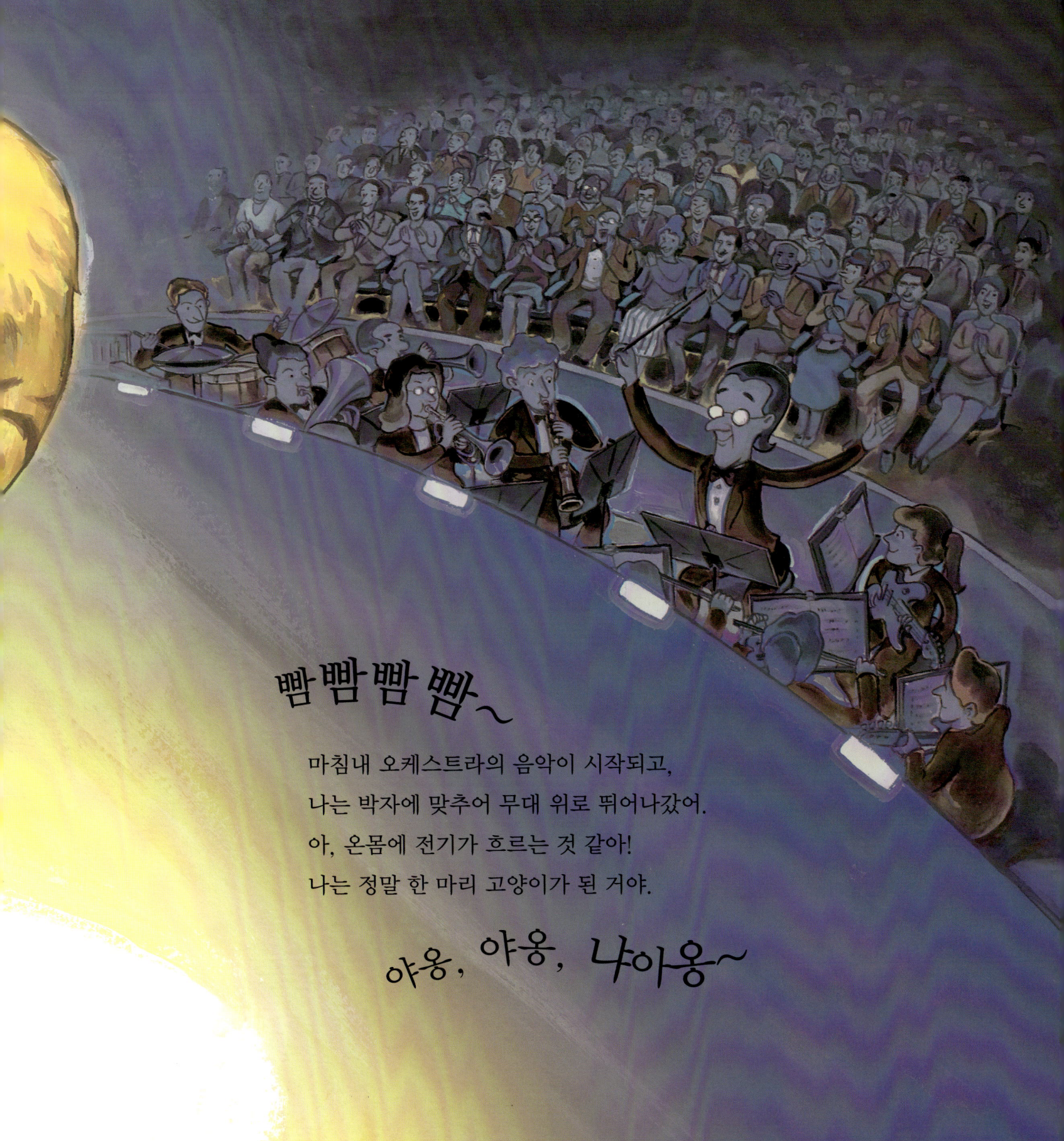

빰빰빰빰~

마침내 오케스트라의 음악이 시작되고,
나는 박자에 맞추어 무대 위로 뛰어나갔어.
아, 온몸에 전기가 흐르는 것 같아!
나는 정말 한 마리 고양이가 된 거야.

야옹, 야옹, 냐아옹~

뮤지컬 배우가 되려면 어떻게 해야 하나요?

나는 초롱이. 이다음에 크면 꼭 무대 위에서 노래하고 춤추는 뮤지컬 배우가 될 거예요.
그런데 어떻게 하면 내 꿈을 이룰 수 있을까요? 〈어린이 난타〉〈대장금〉 같은 뮤지컬 작품에 출연해서 멋진 연기를 펼친 안나민 언니를 만나서 알아보았어요.

✷ 배우 안나민 ✷

 언제 뮤지컬 배우가 되겠다고 결심했어요?

어려서부터 사람들 앞에서 노래 부르는 것을 좋아했어요. 고등학교 때는 연극반에 들어가 뮤지컬 작품을 공연하기도 했지요. 그러면서 자연스럽게 뮤지컬 배우가 되겠다고 결심했던 것 같아요. 무대 위에서 노래하고 연기하는 동안에는 아무리 몸이 피곤해도 전혀 피곤한 줄 모를 만큼 행복했거든요.

배우가 되기 위해 어떤 준비를 했나요?

뮤지컬을 하려면 춤과 노래, 연기 실력을 고루 갖추어야 하니까 준비할 게 많아요. 원래 노래만큼은 자신 있었지만 배우가 되기 위해 보컬 트레이너 선생님에게 훈련을 받았어요. 또 발레와 재즈 댄스, 운동도 배웠고요. 날렵한 몸매를 갖는 게 좋으니까요. 대학도 연극과에 들어가서 연기에 대한 이론과 방법에 대해 깊이 있게 공부했어요.

 배우가 된 지 10년이 넘었다고 들었는데, 가장 기뻤던 순간이 있다면요?

〈지하철 1호선〉이란 작품의 오디션에 합격했을 때예요. 꼭 출연하고 싶은 뮤지컬이었거든요. 1차, 2차, 3차에 걸친 오디션이 한 달 동안 이루어졌는데, 3차 오디션까지 갔다가 두 번씩이나 떨어진 경험이 있어서 더 기뻤던 것 같아요. 대학에 합격했을 때보다 훨씬 좋았으니까요.

활동하면서 힘들고 어려운 점은 무엇인가요?

 작품 오디션에서 떨어질 때가 가장 힘들죠. 뮤지컬 배우는 기획사의 전속 배우로 활동하는 경우도 있지만, 대개는 오디션에 합격해야 무대에 설 수 있어요. 오디션에 떨어지면 어쩔 수 없이 쉬어야 하니까 아무래도 기운이 많이 빠져요.

 무대 위에서 실수한 경험은 없나요?

 왜 없겠어요. 몇 달씩 혹은 1년 이상 똑같은 작품을 계속 공연하다 보면, 모든 것이 너무 익숙한 나머지 잠깐 방심하는 순간 실수를 하게 돼요. 대사를 까먹는다거나 노랫말을 잊어버리는 거죠. 또 장면이 바뀌면 무대가 캄캄해지는데, 그렇게 암전이 되었을 때 무대 밖으로 빠져나가는 통로를 못 찾아서 헤맨 적도 있고요. 그럴 때 당황하면 더 큰 실수를 하니까 얼른 정신 차리고 상황에 맞추어 자연스럽게 행동해야 해요. 재치가 필요한 순간이죠.

 나처럼 뮤지컬 배우를 꿈꾸는 어린이들에게 한 말씀 해 주세요.

 무대 위에 선 모습만 보면 무척 멋지고 화려하지만, 사실 뮤지컬 배우는 아주 힘든 직업이에요. 무엇보다 지독한 연습 벌레가 되어야 해요. 힘든 훈련을 견뎌 낼 만큼 몸도 튼튼해야 하고 인내심도 필요하답니다. 하지만 무대에 올라 온 몸과 마음을 다해 연기할 때의 짜릿함, 또 관객들에게 박수를 받을 때의 감동은 뭐라 말할 수 없을 정도이지요. 뮤지컬 배우를 꿈꾸는 어린이들이라면 어떤 힘든 일이 있어도 포기하지 말고 꼭 도전해 보라고 말하고 싶어요.

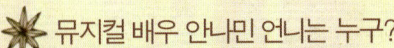 뮤지컬 배우 안나민 언니는 누구?

활발한 성격에 웃음 많은 안나민 언니는 뮤지컬 배우가 된 지 올해로 10년째 된답니다. 서울 예술대학 연극과를 졸업한 뒤 〈호두까기 인형〉 〈오즈의 마법사〉 〈지하철 1호선〉 등에 출연했고, 지금도 활발히 활동하고 있어요.

다양한 무대 예술의 세계로 떠나요!

뮤지컬뿐만 아니라 연극, 무용, 오페라, 음악 연주회처럼 무대에서 공연되는 모든 형태의 예술을 '무대 예술'이라고 해요. 무대 예술은 그림이나 조각, 책과는 달리 사람들이 직접 무대 위에서 노래하고 춤추고 연주하기 때문에 색다른 즐거움을 맛볼 수 있지요. 자, 그럼 다양한 무대 예술의 세계로 떠나 볼까요?

400년의 역사와 전통을 자랑하는 오페라

이탈리아에서 처음 생겨난 오페라는 모든 대사가 노래로 되어 있어서 오페라 무대에 서려면 무엇보다 뛰어난 노래 실력을 갖추어야 해요. 오페라 가수는 목소리의 높낮이와 음색에 따라 역할이 결정되지요. 남녀 주인공은 대개 톤이 높고 풍부한 음색을 지닌 소프라노와 테너가 맡아요. 오페라는 가수와 합창 단원, 무용수, 연주자 등으로 구성되는데 대규모 오페라는 관현악 연주자만 해도 100명이 넘어요. 대표적인 오페라 작품으로는 모차르트의 〈피가로의 결혼〉, 베르디의 〈아이다〉, 푸치니의 〈나비 부인〉, 비제의 〈카르멘〉 등이 있어요.

베르디의 오페라 〈아이다〉는 고대 이집트를 배경으로 한 작품이에요.

무대 위에서 이야기를 만들어 가는 연극

연극이란 배우가 관객을 앞에 두고 무대 위에 올라 몸짓과 대사로 이야기를 직접 만들어 가는 무대 예술이에요. 연극은 배우의 예술이라 할 만큼 연기자의 역할이 아주 중요하지요. 똑같은 내용이라도 어떤 배우가 연기하느냐에 따라 매우 다른 느낌을 받는답니다. 또 같은 배우가 계속 공연을 하더라도 무대에 오를 때마다 연기가 달라질 수밖에 없기 때문에 관객은 그때마다 새로운 감동을 받지요.

연극 〈맹진사댁 경사〉는 우리나라의 고유한 생활 풍습을 잘 보여 주는 작품이에요.

인도의 줄 인형극으로, 인도는 인형극의 전통이 오래된 나라예요.

보기만 해도 마음이 즐거워지는 **인형극**

인형극은 연극의 한 형태로, 사람이 아닌 인형이 무대에 등장하여 공연해요. 세계 여러 나라에는 예부터 다양한 인형극이 전해 내려오는데, 베트남에는 인형을 물 위에 띄우고 조종하는 수상 인형극이 유명해요. 인도네시아의 자바 섬에는 '와양 클리틱'이라 불리는 그림자 인형극이 인기가 높지요. 인도와 유럽에서는 인형을 실로 조정하는 마리오네트가 큰 사랑을 받고 있답니다. 우리나라의 대표적인 민속 인형극은 꼭두각시놀음으로, 끈나풀을 잡아당겨 인형을 조종하며 노래도 부르고 이야기도 주고받으며 즐기는 인형극이에요.

몸짓으로 이야기를 표현하는 **발레**

발레는 '춤을 추다' 라는 뜻의 이탈리아 어 '발라레(ballare)'에서 유래되었어요. 발레는 말이 아니라 음악과 춤으로 이야기를 표현하는 예술이에요. 대부분의 유명한 발레 작품은 공주와 요정, 마법사, 영웅의 모험 이야기를 담고 있지요. 작품에 따라서는 특별한 줄거리 없이 아름답고 멋진 춤만 보여 주기도 한답니다. 대표적인 발레 작품으로는 〈호두까기 인형〉〈잠자는 숲 속의 미녀〉〈백조의 호수〉〈지젤〉 등이 있어요.

〈백조의 호수〉는 볼쇼이 극장의 관리인 베기체프의 발레 대본에 차이코프스키가 곡을 붙인 작품이에요.

✸ 발레의 몸짓 언어를 알면 재미가 두 배

발레에서 무용수들이 표현하는 몸짓 언어를 '발레 마임' 이라고 해요. 몇 가지 발레 마임만 이해해도 훨씬 재미있게 작품을 감상할 수 있지요.

'사랑한다'는 심장 부근에 두 손을 모으는 동작으로 나타내요.

'결혼'은 결혼 반지를 끼게 될 약지를 가리키는 동작으로 표현해요.

'맹세한다'는 검지와 중지를 곧게 펴서 하늘을 가리켜요.

몸 앞에서 주먹을 교차시키는 동작은 '죽음'을 뜻해요.

뮤지컬 배우는요,

춤과 노래, 연기를 통해 관객들에게 이야기를 전하는 사람이에요. 새로운 작품에 출연할 때마다 여러 인물의 삶을 다양하게 살아 볼 수 있는 매력적인 직업이지요.

화려한 무대 위에서 관객들의 박수를 받으며 춤추고 노래하는 뮤지컬 배우는 무척 근사해 보여요. 하지만 노래는 물론이고 연기도 잘하고 춤도 잘 추어야 하기 때문에 연습을 아주 많이 해야 하는 힘든 일이기도 해요. 훌륭한 뮤지컬 배우가 되려면 타고난 끼도 필요하지만 자신의 일에 대한 열정과 노력이 무엇보다 중요하지요.

지금도 많은 사람들이 뮤지컬을 즐기지만 뮤지컬에 대한 열기는 앞으로 더욱 뜨거워질 거예요. 뮤지컬 배우의 일도 그만큼 더 늘어날 거고요. 만약 몇 시간씩 춤추고 노래해도 질리지 않거나 다른 사람들 앞에서 연기하는 것을 즐긴다면 뮤지컬 배우에 한번 도전해 보지 않을래요?

- **도움을 준 책과 인터넷 사이트**

  《어린이를 위한 그림 동화 캣츠》, T. S. 엘리엇, 아이들판
  《오페라 뮤지컬》, 조경숙 외, 삼성출판사
  《원종원의 올 댓 뮤지컬》, 원종원, 동아시아
  뮤지컬 영화 〈렌트〉〈오페라의 유령〉〈페임〉
  신시 컴퍼니 http://www.iseensee.com
  오디 뮤지컬 컴퍼니 http://www.odmusical.com

- **도움을 주신 분**

  안나민(뮤지컬 배우)

- **사진 자료 제공처**

  안나민, (주)토픽포토, (주)타임스페이스
  * 이 책에 사용한 사진은 제공처의 허락을 받아 게재한 것입니다.
  　저작권자와 초상권자를 찾지 못한 일부 사진은 저작권자가 확인되는 대로 게재 허락을 받도록 하겠습니다.

- **일러두기**

  1. 맞춤법과 띄어쓰기는 국립국어원에서 펴낸 〈표준국어대사전〉을 기준으로 삼았습니다.
  2. 외국 인명, 지명은 국립국어원의 〈외래어 표기 용례집〉을 따랐습니다.
  3. 용어는 국립국어원에서 펴낸 〈표준국어대사전〉을 따랐습니다.
  4. 이 책에서는 좀더 다양한 뮤지컬 배우의 세계를 보여 주기 위해 미국 뉴욕의 브로드웨이에서 생활하는 뮤지컬 배우를 주인공으로 하였습니다. 하지만 오디션 내용이나 공연을 준비하는 과정 등은 미국 상황에 국한하지 않고 일반적인 내용을 두루 담았습니다.